Santiago Rodríguez

Historias de los sagrados caballeros de Dios

Santiago Rodríguez

Historias de los sagrados caballeros de Dios

CREDO EDICIONES

Imprint
Any brand names and product names mentioned in this book are subject to trademark, brand or patent protection and are trademarks or registered trademarks of their respective holders. The use of brand names, product names, common names, trade names, product descriptions etc. even without a particular marking in this work is in no way to be construed to mean that such names may be regarded as unrestricted in respect of trademark and brand protection legislation and could thus be used by anyone.

Cover image: www.ingimage.com

Publisher:
CREDO EDICIONES
is a trademark of
International Book Market Service Ltd., member of OmniScriptum Publishing Group
17 Meldrum Street, Beau Bassin 71504, Mauritius

Printed at: see last page
ISBN: 978-613-1-88241-8

HISTORIAS DE LOS SAGRADOS CABALLEROS DE DIOS

Santiago Rodríguez Olivos

ISBN: 978-613-1-88241-8

“Hijo mío, si das acogida a mis palabras, y guardas en tu memoria mis mandatos, prestando tu oído a la sabiduría, inclinando tu corazón a la prudencia; si invocas a la inteligencia y llamas a voces a la prudencia; si la buscas como la plata y como un tesoro la rebuscas, entonces entenderás el temor de Yahveh y la ciencia de Dios encontrarás. Porque Yahveh es el que da la sabiduría, de su boca nacen la ciencia y la prudencia. Reserva el éxito para los rectos, es escudo para quienes proceden con entereza, vigila las sendas de la equidad y guarda el camino de sus amigos. Entonces entenderás la justicia, la equidad y la rectitud: todos los senderos del bien. Cuando entre la sabiduría en tu corazón y la ciencia sea dulce para tu alma, velará sobre ti la reflexión y la prudencia te guardará, apartándote del mal camino, del hombre que propone planes perversos, de los que abandonan el recto sendero para ir por caminos tenebrosos, de los que se gozan en hacer el mal, se regocijan en la perversidad, cuyos senderos son tortuosos y sus sendas llenas de revueltas. Ella te apartará de la mujer ajena, de la extraña de melosas palabras, que ha dejado al amigo de su juventud y ha olvidado la alianza de su Dios; su casa está inclinada hacia la muerte, hacia las sombras sus tortuosos senderos. Nadie que entre por ella volverá, no alcanzará las sendas de la vida. Por eso has de ir por el camino de los buenos, seguirás las sendas de los justos. Porque los rectos habitarán la tierra y los íntegros se mantendrán en ella; pero los malos serán cercenados de la tierra, se arrancará de ella a los desleales.” (Prov 2, 1-22)

Contenido

Prólogo

La presente obra pretende mostrar, a modo de relatos, algunas enseñanzas y situaciones que suceden en la vida cotidiana del ser humano, y como se podrían afrontar a la luz de Dios.

Pero, ¿Quiénes son los sagrados caballeros de Dios?
Son aquellos que luchan por construir el Reino de Dios en este mundo, siendo discípulos de Jesús y poniendo por obra el Evangelio.

Relaciones humanas

Había una vez un joven sagrado caballero de Dios que se encontraba solo en un parque y estaba muy triste. Uno de los maestros que pasaba por ahí lo miró y le dijo: "¿Por qué estás triste?". Y el joven con una mirada perdida le respondió: "No entiendo las relaciones humanas, uno se esfuerza por dar lo mejor de uno mismo hacia los demás y las otras personas no lo valoran, entonces ¿para qué dar lo mejor de mí mismo?". El maestro le contestó: "¿Por qué te entristeces por tan poca cosa? Al contrario, deberías estar alegre porque has hecho un buen trabajo y Dios te recompensará en su momento; además, ten en cuenta que las personas demuestran su amor y cariño de muchas formas que inclusive a veces no las entendemos, pero ten la seguridad de que dentro del corazón de ellas tienen un valor incalculable...".

La libertad

En un día soleado, uno de los sagrados caballeros de Dios le preguntó a un maestro: "¿Quiénes tienen el poder sobre la cultura?". El maestro le respondió: "Solo aquellos que han utilizado la verdadera libertad". Y el caballero dijo: "¿Quién es verdaderamente libre?". El maestro contestó: "Los que han llegado a ser santos y los niños". El caballero no entendía por qué los niños, entonces el maestro le explicó: "Los niños con su inocencia, amor y pureza hacen cosas y no se preocupan por lo que los demás piensen, no se preocupan por las cosas de la vida y miran al mundo sin amargura; y los santos son precisamente santos porque han conseguido ser como los niños".

Luego de esto el caballero le preguntó al maestro: "¿Cómo se logra la verdadera libertad?". El maestro le respondió: "Más que lograrla es recordarla porque la libertad es un regalo de Dios y la recuerdas amando a Dios y a las personas, escuchando a tu corazón. Confía en lo que dice porque en él habita Dios y Él nos habla por medio del corazón, así que no tengas miedo a nada sé tú mismo y trata de serlo a la perfección...".

La compañía de Dios

Un día por la mañana, un sagrado caballero de Dios se encontró con un amigo. El amigo se encontraba deprimido porque estaba pasando una época difícil en su vida. Al verlo, el caballero le preguntó qué le pasaba y él le dijo que había perdido a su novia porque ella se había enamorado de otra persona; que él se había entregado de corazón a la relación y ahora se sentía solo. El caballero, al oír esto, se acordó de las enseñanzas del maestro: el primer paso en esta clase de situaciones es escuchar al amigo y no decir nada; el segundo, ofrecerle compañía sin hablar; el tercero, al final del encuentro, es decirle algo que lo anime a seguir su camino. El caballero le expresó: "Dios está en tu corazón, confía en Él y sentirás su maravilloso amor, su compañía y su consuelo". Al día siguiente se volvieron a encontrar y el caballero le preguntó cómo estaba. El amigo le dijo: "Muy bien porque gracias a ti he podido ver a Dios escuchándome, acompañándome, consolándome con sus dulces palabras y ahora entiendo que Él siempre está conmigo y me habla de muchas formas con su inmenso amor...".

La amistad

En una ocasión, uno de los sagrados caballeros de Dios se encontraba pensativo y uno de los maestros le preguntó: "¿En qué piensas?". Y el caballero le dijo: "En la amistad. Sé lo que es, pero no entiendo por qué suceden cosas que hacen que se alejen los amigos". El maestro le respondió: "Sé lo que quieres decir, pero no debes pensar en por qué actúan las personas de una forma u otra, puesto que jamás encontrarás una respuesta que entiendas; mejor piensa cómo eres tú como amigo y siempre trata de crecer en ella porque realmente la amistad es un regalo de Dios y no hay mejor amigo que Él...".

El miedo

En una noche fría y oscura, uno de los sagrados caballeros de Dios le preguntó a un maestro: "¿Por qué muchas personas tienen miedo?". El maestro le respondió: "Bueno, para comenzar hay varias clases de miedo: miedo a morir, miedo al fracaso, miedo a perder algo o a alguien; estos los más importantes. Si te das cuenta todos estos miedos implican un cambio que en la mayoría de los casos es radical e incluso algunos son predecibles. La cuestión está en un futuro desconocido en los que esos cambios pueden generar situaciones negativas que, por lo general, son lo contrario: positivas. Pero todos estos miedos solo están en nuestra mente provocados por el mundo; por lo tanto, en sí mismos esos miedos no existen. ¿Qué ayuda a generar esos miedos? La falta de confianza en Dios y en uno mismo, así que si se tiene esto, ningún miedo invadirá nuestro corazón...".

Lo imposible para el hombre es posible para Dios

En cierta ocasión, uno de los maestros narró la siguiente historia: "Un hombre iba hacia una gran fiesta. Cuando entró en el lugar de la fiesta, se dio cuenta de que todos estaban con pareja menos él. Se empezó a sentir deprimido porque era el único sin pareja y los demás invitados lo miraban de una forma en la cual no pasaba desapercibido. Él sentía las miradas de la gente y cada vez se sentía más deprimido debido a su soledad. De repente llegó a la fiesta una mujer muy linda. También llegó sola. Se encontraron, bailaron toda la noche, se enamoraron, se casaron y luego vivieron felices para siempre". Uno de los sagrados caballeros de Dios le dijo al maestro un poco desconcertado: "Esta historia no tiene sentido. Cómo es que de un momento a otro todo cambia para este hombre. Además, en la realidad eso es imposible que suceda". El maestro le respondió: "Tal vez no has entendido el significado de esta historia. Lo primero es que debes dejar que tu imaginación vuele hacia lo más alto porque de ahí surgen las grandes ideas. Lo segundo, que a pesar de una situación desventajosa todo puede cambiar. El cambio hace parte de la vida y se da en cualquier momento, sobre todo en los momentos menos esperados. Y en la realidad, claro que es posible. ¿Quién te dijo que no puede suceder?, acuérdate que para Dios no hay nada imposible y si tú crees que es posible, eso se dará, de lo contrario no, por eso es que por lo general nunca se da: porque todos piensan como tú...”.

La cultura

Una tarde, un joven sagrado caballero de Dios le dijo a un maestro: “Háblame sobre la cultura”. El maestro le comentó: “Hay que tener mucho cuidado porque hay que saber de qué clase de cultura se quiere hablar y porque hay varias: la cultura con respecto al arte, con respecto a nuestros conocimientos, con respecto a costumbres y la que difunden los medios de comunicación”. El caballero afirmó que quería saber sobre la relacionada con las costumbres y sobre la que difunden los medios de comunicación. El maestro le explicó: “Tienes que saber que hay costumbres buenas y malas. Lo mismo sucede en los medios de comunicación: unas cosas son buenas y otras no, lo malo es que las cosas malas se disfrazan para no ser descubiertas, esas son las que hay que descubrir pero no es tan sencillo ya que la cultura, sea cual sea, influye en los seres humanos de alguna forma. Por eso no es fácil distinguir y entender ciertas cosas “no buenas” que suceden a nuestro alrededor por más que parezcan obvias, y es porque esa cultura restringe la libertad: le dice al ser humano qué hacer, qué no hacer, cómo y cuándo; y cuidado con hacer algo que no esté acorde con la cultura porque ahí es cuando todos se van contra él, o rechazan al que lo haga con la excusa que hizo algo que no está acorde con un comportamiento normal. Ese es el problema del “qué dirán”, por eso la gente no hace ciertas cosas, más por miedo que por convicción y renuncian así a muchos sueños. Y tú ya sabes quién tiene el poder sobre la cultura...”.

El mejor regalo

Era el cumpleaños de la amiga de infancia de uno de los sagrados caballeros de Dios quien le preguntó a un maestro: “¿Cuál es el mejor regalo para dar?”. El maestro le respondió: “Cualquier cosa que salga de tu corazón, no importa el tamaño, ni el color, ni la forma, ya que del corazón solo pueden salir regalos de amor, cariño y amistad. Conviértete en el mejor regalo”.

El perdón

En una tarde soleada, uno de los sagrados caballeros de Dios caminaba por la calle muy feliz cuando se encontró con un amigo quien le preguntó: "¿Por qué estás tan feliz?". El caballero le respondió: "Porque me he librado de una gran carga". Y el amigo le dijo: "¿Qué pasó?", a lo cual el caballero le contó lo que le había pasado: "Figúrate que mi novia me traicionó y me engañó con mi mejor amigo". El amigo le expresó: "Yo de ti, me vengaría de ellos dos, les haría la vida imposible por haberme traicionado y mentido de esa forma". El caballero le comentó sonriente: "No hay ninguna necesidad de eso, el otro día me los encontré y ellos pensaron que los iba a insultar o a despreciar, y lo único que les dije fue: 'los perdono'...".

La paciencia

Uno de los sagrados caballeros de Dios fue a buscar a un maestro y al encontrarlo le preguntó: "¿Por qué es tan importante la paciencia?". El maestro le respondió: "Antes de contestarte, dime qué es para ti la paciencia". El caballero le dijo: "La paciencia es la capacidad de aceptar las diferentes situaciones como se vayan presentando, sobre todo cuando estas situaciones implican esperar cierto tiempo para que se den de la forma que uno quiere". El maestro le comentó: "La paciencia es una de las virtudes más importantes y va más allá de la definición que me estás dando, porque la paciencia también es controlarse a uno mismo, pero en el momento de aplicarla ya depende de cómo la persona reacciona ante las situaciones. Ten en cuenta que incluso el amor es paciente. Si partimos de ahí, la paciencia es importante porque cuando la tienes vas aprendiendo la humildad de dar y la humildad de recibir, cuando sea el momento que Dios lo considere. Acuérdate que Él siempre quiere lo mejor para nosotros, pero a veces es necesario aprender algo o que sucedan ciertos hechos, antes de lo que estamos esperando suceda, por eso hay que tener fe en Dios". El caballero replicó: "Pero eso también implicaría sufrimiento". Y el maestro le explicó: "Claro que sí, y también ansiedad; pero esto hace parte de la vida, igualmente por eso es importante: porque logras controlar la ansiedad y el sufrimiento no solo con la paciencia, también con la fe...”.

El secreto de la felicidad

Una joven universitaria que se encontraba triste le preguntó a un maestro: "¿Cuál es el secreto de la felicidad?". El maestro le dijo: "La felicidad no es un regalo, es una conquista; por eso no se la puedes pedir a Dios. La felicidad para cada persona es diferente, por eso debes preguntarle a tu corazón qué es lo que te hace feliz; solo te puedo decir una cosa que te puede ayudar: haz el bien a todos y sentirás en tu corazón una gran alegría y paz; eso se da porque venimos de Dios y cuando hacemos el bien lo sentimos a Él en nosotros...".

Nuestra misión

En cierta ocasión, uno de los sagrados caballeros de Dios le preguntó a un maestro: "¿Cuál es nuestra misión en este mundo?". El maestro le respondió: "Cumplir la voluntad de Dios". El caballero le replicó: "Y ¿cómo sé cuál es la voluntad de Dios?". El maestro le dijo: "Nuestra misión en general es construir el Reino de Dios aquí en el mundo, esa es la misión de todos y, en particular, Dios nos concede a cada uno, unos talentos y una vocación que partiendo de ellos tendremos que hacer nuestro trabajo". El caballero preguntó: "¿Cómo construimos el Reino de Dios?". Y el maestro le contestó: "Amando a Dios y al prójimo, y la mejor forma de hacerlo es con nuestra propia vida, siendo ejemplo, si no, de nada sirve lo que les he enseñado porque las palabras se las lleva el viento, en cambio los hechos controlan el viento...".

La paz

En un país que se encontraba en guerra desde hacía muchos años, uno de los sagrados caballeros de Dios le preguntó a un maestro: "¿Cómo se consigue la paz?". El maestro respondió: "Tú has visto cómo las guerras nos están destruyendo y en muchos sitios no se puede salir ni siquiera a comprar pan porque se puede morir en el intento a causa de una persona que cree que suicidándose con una bomba está haciendo algo bueno.
El problema de cómo se consigue la paz es que muchas personas creen que cuando se haga un tratado de paz entre palestinos e israelíes, guerrilla con gobierno, oriente con occidente, así se consigue la paz. No nos damos cuenta de que al insultar o agredir a otra persona estamos siendo violentos, o cuando peleamos con nuestros padres o algún familiar. Por eso la paz se consigue dentro de nosotros mismos, inclusive, Dios es el que nos concede la paz, no como la da el mundo, si no la paz que está llena de amor y libertad...".

El aprendizaje diario

Un día, uno de los maestros enseñaba a los sagrados caballeros de Dios: “Deben estar muy despiertos siempre porque todos los días se aprende algo nuevo, sea grande o pequeño, que nos va ser útil en algún momento de nuestras vidas. Tenemos que aplicar lo que aprendemos en el momento indicado. Pero ese conocimiento no debe quedarse para nosotros mismos porque alguien más lo puede necesitar. Por eso debemos, aparte de aprender diariamente, enseñar diariamente. Así como yo he aprendido, ahora lo enseño y eso es lo que hago con ustedes; por eso les digo: enseñen todo lo que saben y aprenderán más de lo que se imaginan... no desaprovechen la oportunidad de aprender y enseñar porque eso es una bendición de Dios...”.

La comunicación

Estando en casa, uno de los sagrados caballeros de Dios le preguntó a un maestro: "¿Cuál es la mejor forma de comunicarme con las personas?". El maestro le respondió: "Existen muchas formas, pero no hay alguna mejor a seguir porque no existe el concepto de "mejor", sino simplemente son diferentes. El problema es que si una persona se comunica de una forma en particular, piensa que los demás se deberían comunicar de la misma forma; pero no porque quiera que todo se haga a su manera, sino porque siente que es la "mejor" forma. Ahí está el detalle, queremos que las personas sigan nuestra forma, pero la cuestión está en aceptar la forma de uno y la de los demás. Si se quiere decir algo, una persona lo dice con palabras, otra con gestos, otra con dibujos, otra con señales, otra con el silencio; todos dicen lo mismo de manera diferente. Los sentimientos también se comportan igual: para expresar algún sentimiento se puede con palabras, hechos, detalles del corazón, una sonrisa. Para decir algo solo se necesita quererlo...".

Amor a lo que se hace

Saliendo del trabajo, uno de los sagrados caballeros de Dios se encontró con un amigo quien le dijo: "Estoy cansado de hacer cosas que no quiero y no me gustan". El caballero le respondió: "Eso no solo te pasa a ti, sino a todos, y eso se da porque debemos aprender algo, ya sea porque no hemos querido o porque así se presentan las circunstancias y eso nos servirá en algún momento. El amigo le comentó: "Pero no entiendo qué se puede aprender si ya tengo los conocimientos para hacer esas cosas". El caballero le dijo: "Si me estás diciendo eso es porque no has aprendido las cosas más importantes: como que en la vida no vinimos a hacer nuestra voluntad, sino a amar las cosas que hacemos y a tener paciencia, entre otras". El amigo le expresa: "Eso que dices es muy bonito, pero en la práctica es muy difícil". El caballero le replicó: "Sí, es verdad, y a ti ¿quién te dijo que la vida era fácil?, es posible, pero si no lo intentas...".

La meditación en el corazón

Un día, uno de los maestros enseñaba: "Debemos aprender a meditar en el corazón. La meditación es muy importante porque nos ayuda a resolver problemas y a crecer como personas, ya que en ella hacemos una conexión entre razón y corazón, y la imaginación empieza a fluir con mayor facilidad. Pero más allá de resolver problemas, lo importante es el crecimiento como hijos de Dios. La conexión de la razón con el corazón debe servirnos para mirarnos a nosotros mismos en nuestro interior: cuáles son nuestras fortalezas, debilidades, sentimientos, cómo los tenemos ahora y cómo los podemos hacer crecer más. Pero debemos tener en cuenta que para crecer, debemos pedir la ayuda de Dios porque Él nos conoce a la perfección y sabe cuál es la manera adecuada de ayudarnos para alcanzar el verdadero crecimiento como hijos suyos...".

Los sueños

En cierta ocasión, uno de los maestros le enseñaba a uno de los sagrados caballeros de Dios: “Lucha por tus sueños porque ellos son el alimento del alma. Nuestros sueños en el camino nos dan alegrías, sufrimientos, tristezas, decepciones, satisfacciones, cosas buenas y malas, pero todo esto es impredecible e inevitable, y es eso lo que los hace interesantes y nos motiva a conseguirlos. Cuando los alcanzamos sentimos una gran felicidad y nos olvidamos de todo lo que pasó en el camino. No siempre el camino para alcanzar nuestros sueños es el que nos imaginamos y eso hace que la vida sea interesante...”.

Indecisión

Un sábado por la tarde, uno de los sagrados caballeros de Dios se encontró con un amigo quien le dijo: “Necesito que me ayudes. Estoy indeciso”. El caballero le preguntó: “¿Por qué?”. Y el amigo le respondió: “Quiero comprar una guitarra, pero también quiero comprar un violín; el problema es que solo tengo dinero para uno de ellos”. El caballero le explicó: “Es fácil: pregúntate por qué quieres comprarlos y para qué los quieres, y la respuesta acerca del instrumento que más te haga feliz, es el que debes comprar...”.

Abiertos al amor

Un día, uno de los maestros enseñaba: “Debemos siempre estar abiertos al amor porque es el único que puede vencer las dificultades y nos da fuerzas cada día para seguir luchando”. El sagrado caballero de Dios preguntó: “¿Qué es estar abiertos al amor?”. El maestro respondió: “Es dejar que el amor entre en tu corazón y lo dejes fluir libremente, ya que se manifestará de la forma más adecuada no solo en ti, sino también en las personas con quienes te relacionas. El amor todo lo puede...”.

Verdadero amigo

Estando en un parque uno de los sagrados caballeros de Dios le preguntó a un maestro: "¿Quién es verdadero amigo?". El maestro le respondió. "El verdadero amigo es aquel que te ama, el que camina contigo, el que ríe contigo, el que llora contigo, el que sufre contigo, el que da su mano cuando has caído, el que te ayuda en los momentos difíciles, el que comparte su vida contigo, el que da la vida por ti, el que confía en ti, el que sueña contigo, el que te cuida en todo momento, el que se da a sí mismo, el que es leal, el que es honesto y honrado, el que siempre tiene palabras de aliento, el que es justo, el que todo lo perdona, el que sabe escuchar, el que te comprende, el que te acepta tal como eres, el que lucha por tu felicidad, el que es tu aliado, el que respeta tu libertad, el que es luz en tu corazón, el que no te juzga. Jesús es así y Él es el vivo ejemplo de cómo debemos ser...".

La envidia

Un día, uno de los maestros enseñaba: “Deben tener cuidado con la envidia, pues ella siempre está rondando nuestro corazón y está a la espera de alguna debilidad nuestra”. El sagrado caballero de Dios preguntó: “¿Cómo podemos vencer a la envidia?”. El maestro respondió: “Con la oración, pidiéndole mucho a Dios que nos conceda las fuerzas y la voluntad necesaria para no caer y, sobre todo, que nos conceda la gracia de alegrarnos al ver a nuestros hermanos felices... La felicidad de uno, no significa la tristeza de otros...”.

Fe en Dios

En una noche lluviosa, uno de los sagrados caballeros de Dios se encontró con un amigo quien le dijo: "Me siento deprimido porque nada de lo que hago me va bien y ya no sé qué hacer. En cambio, a otras personas les sale todo bien". El caballero le comentó: "Debes estar tranquilo porque todo lo que sucede es por alguna razón, y no debes compararte tanto con lo que les pasa a las otras personas porque ellas tienen otro camino que recorrer diferente al tuyo". Y el amigo le preguntó: "Entonces ¿qué debo hacer?". Y el caballero respondió: "Debes confiar más en los pasos que das y, sobre todo, ten fe en Dios que siempre te ayuda...".

La confianza

En cierta ocasión, uno de los maestros contó el siguiente relato: "En la época de la Edad Media existían los caballeros con sus armaduras que iban en busca de salvar a una princesa, aunque muchos no lo lograban. En uno de los reinos de Occidente vivían dos caballeros que tenían mucha fama: uno porque había librado muchas batallas en las que siempre salía victorioso, pero estaba viejo y ya no podía salir a nuevas batallas. A este hombre se le conocía como el caballero de la sabiduría. En cambio, el otro era famoso por su maldad y crueldad con los pueblos cercanos a la gran ciudad donde vivía el rey. Se le conocía como el caballero negro, no solo por su armadura sino por su corazón. Un día el caballero negro decidió atacar el pueblo donde se encontraba el caballero de la sabiduría, pero este al darse cuenta de su presencia cercana al pueblo, decidió enviar a su hijo que ya tenía algún entrenamiento en el combate. El hijo sentía mucho miedo al saber que iba a enfrentar al caballero negro. Fue ahí cuando su padre le dijo: "no temas, confía en tus golpes, no dudes frente a él, debes creer que lo vas a vencer". El hijo con menos miedo salió al encuentro del caballero negro. Al verlo, el caballero negro le preguntó: "¿Qué quieres?". El hijo le respondió: "Vengo a derrotarte". El caballero negro, en un tono humillante, replicó: "No eres más fuerte que yo, no podrás ni siquiera tocarme". Entonces comenzaron la lucha: el hijo se sentía asustado y los golpes que daba no le hacían daño al caballero negro. En cambio, el caballero negro solo necesitó un golpe para derribarlo y dejarlo herido en el suelo. El hijo, tirado en el suelo, con su vista en el cielo, se empezó a acordar de las palabras de su padre, pero también se dio cuenta de que esas palabras no tenían sentido si no se sabía por qué debería creer en sus golpes y para qué serviría creer en ellos. Entonces entendió que lo relevante no era simplemente ganar la batalla al caballero negro, sino que lo más importante era vencerse a sí mismo, vencer al miedo que lo paralizaba. El "para qué" lo meditó un momento y encontró la respuesta: para demostrarse a sí mismo que cuando se tiene confianza en lo que uno hace, eso se hace posible. Fue ahí cuando se levantó del suelo y reunió todas sus fuerzas y derrotó al caballero negro. Desde ese entonces se le conoció como el caballero de la confianza...".

El mal se vence con el bien

Estando reunidos varios sagrados caballeros de Dios, uno de los maestros les contó el siguiente relato: "Existía un hombre joven con ganas de salir adelante. Este hombre no era afortunado económicamente y su nombre era Jaime. Él era estudiante de ecología y trabajaba en su tiempo libre para conseguir el dinero suficiente para pagar sus estudios. Durante este tiempo conoció a una joven llamada Clara que tenía una buena posición económica, de quien se enamoró. Pero ella tenía un hermano mayor, Tomás, a quien no le gustaba que Clara se la pasara con Jaime, así que en cada oportunidad que se le presentaba le advertía a Jaime que debería dejar a su hermana. Jaime no le hacía caso a las advertencias, así que un día se encontró con Tomás y este lleno de ira, golpeó a Jaime y lo dejó muy herido en el suelo. A Jaime lo llevaron al hospital y Clara estaba preocupada porque no había vuelto a saber de él. Cuando Jaime se recuperó y se fue del hospital, denunció a Tomás a quien lo detuvieron y lo metieron a la cárcel. Sin embargo, esta familia que tenía buena posición económica contrató a un buen abogado y sacó al hermano en 15 días. Jaime al darse cuenta de esta situación buscó a Tomás y lo golpeó muy fuerte, y Tomás lo envió a la cárcel por golpearlo y con la calumnia de que él lo había atacado antes. Jaime estuvo en la cárcel seis meses porque no pudo conseguir un buen abogado, y ahora que salió está intentando reanudar su vida, pero con ese pasado le costará mucho trabajo...”.

El mal no se combate con el mal sino con el bien. La ira y la venganza se combaten con la tolerancia y el perdón. En ambos casos siempre se ven las consecuencias...

El amigo

Un día por la mañana, uno de los sagrados caballeros de Dios le comentó a un maestro: “Tengo un amigo que tiene problemas de alcoholismo, quiero ayudarlo pero él no quiere que nadie lo ayude porque considera que no tiene problema con esto, ¿qué debo hacer?”. El maestro respondió: “Debes comprender muy bien la situación que vive tu amigo porque no es fácil de manejar, si quieres ayudarlo debes orar mucho a Dios para que Él tenga misericordia de tu amigo y lo ayude a salir de esa situación. Hazle mucha compañía, trata de alejarlo de toda ocasión que lo lleve a volver a tomar y hazle ver qué consecuencias traería el seguir con esa situación”. El caballero le dijo: “Pero ¿si no me hace caso?”. El maestro contestó: “Debes seguir orando a Dios, hablar con su familia y conseguir ayuda profesional”. El caballero le replicó: “No será fácil pero lo intentaré y lo lograré porque quiero que se recupere...”.

La soledad

Caminando por un bosque, uno de los sagrados caballeros de Dios le dijo a un maestro: “Háblanos sobre la soledad”. El maestro respondió: “La soledad siempre se ha visto como algo no bueno. Esto se da debido a que el ser humano es un ser social que siempre necesita de la compañía de otro para compartir su vida. Por eso cuando se habla de ella, lo relacionamos con algo malo que ha sucedido, como alguna pérdida o un sentimiento de desánimo. Pero en realidad no es así, la soledad es importante cuando necesitamos encontrarnos con nosotros mismos, meditar, hablar con Dios. Debemos usar la soledad y no dejar que ella nos use, en esto radica la diferencia de la parte buena de la mala...”.

La experiencia

En cierta ocasión, uno de los maestros enseñaba: "Hay que tener cuidado con cada una de las batallas que libramos en nuestras vidas. Existirán victorias y derrotas, todo eso será inevitable. Lo importante de cada batalla es lo que nos deja. A eso lo llamamos experiencia, y cada vez que comenzamos una batalla debemos utilizarla". El sagrado caballero de Dios preguntó: "¿Por qué? y ¿para qué?". El maestro respondió: "Porque siempre queremos ganar las batallas y la experiencia nos ayuda con una estrategia diferente y adquirir nuevas fuerzas. Hay que usarla para ganar". El caballero replicó: "Pero hay veces que se gana sin experiencia". El maestro contestó: "Sí, acuérdate que Dios siempre nos ayuda. Además, de alguna forma tienes que ganar experiencia...".

Evangelización

En un día soleado, uno de los maestros les enseñaba a los sagrados caballeros de Dios: "Nos encontraremos muchas veces a lo largo de nuestras vidas con personas que no quieren recibir el mensaje que ni siquiera se hace en nuestro nombre. Eso es normal teniendo en cuenta que a Jesús lo rechazaron primero que a nosotros. Esas personas no es que sean malas sino que solamente ven la forma, lo superficial, o simplemente no se atreven a vivir o a poner en práctica el amor en sus vidas, ya sea por miedo "al qué dirán", o porque viven de acuerdo con los preceptos del mundo; pero no miran el fondo, lo que realmente se quiere decir. Escucharemos burlas, insultos, humillaciones; todo eso hace parte del mundo, pero no podrán callar las palabras que están llenas de vida y amor porque nosotros somos instrumentos de Dios, somos sus sagrados caballeros, y ya sabemos cuál es nuestra misión...".

La justicia

Viendo cómo se practica poco la justicia en el país, uno de los maestros enseñaba: "Debemos practicar siempre la justicia con nosotros mismos y con los demás. La justicia se practica con obras más que con palabras. No hay que fijarse en las apariencias sino en el interior del corazón de las personas. No debemos confundir justicia con venganza. La justicia es un acto de amor y busca hacer el bien, la venganza es de resentimiento y de odio. Soportaremos injusticias, pero eso no debe perturbarnos sino animarnos a practicar la verdadera justicia con amor y paciencia...".

El cambio

Caminando por el centro de la ciudad, uno de los sagrados caballeros de Dios se encontró con un amigo al que le gustaba que las cosas se hicieran a su manera. El caballero al verlo notó que estaba de mal genio, entonces le preguntó: "¿Qué te pasa?". El amigo le dijo: "Iba a salir con unos amigos de la universidad, pero me di cuenta de que son aburridos y no son como yo. Cómo me gustaría cambiarles su personalidad y que fueran como yo". El caballero le respondió: "No hagas eso porque no lo vas a conseguir por más que te esfuerces. Mejor cambia tú. No te digo que te vuelvas aburrido sino que mires la forma más apropiada para relacionarte con ellos. Además, ten en cuenta que todos somos diferentes y no vamos a pensar de la misma forma siempre". El amigo entendió el mensaje y se fue a divertir con los amigos de la universidad, ¿en qué forma?... Eso depende de cada uno...".

Vivir el presente

En cierta ocasión, uno de los maestros enseñaba: "Hay que vivir el presente porque es el único que está vivo, el pasado ya no existe y el futuro lo construimos en el presente, pero no está escrito. Muchas veces nos preocupamos del futuro y por mirar hacia él nos olvidamos de que ese futuro no llega sino a través del presente. El pasado nos deja recuerdos, pero si nos quedamos en él dejamos pasar muchas oportunidades hoy. Los seres humanos somos lo suficientemente fuertes para cambiar nuestro propio destino en el presente...".

La alegría y sencillez de corazón

Encontrándose un maestro con varios sagrados caballeros de Dios, les enseñaba: "Si queremos agradar a Dios debemos tener dos cosas: la alegría y sencillez de corazón. Con la alegría podemos disfrutar de cada una de las bendiciones que Dios nos regala diariamente y el amor se empieza a manifestar en su plenitud a través de nosotros mismos, de nuestra familia y de nuestros amigos. Es ahí cuando tenemos el corazón abierto a la voluntad de Dios. Con la sencillez demostramos que el Señor nos ama a todos por igual y que cada uno tiene un camino diferente. Apartamos de nosotros la envidia y nos acerca al servicio a los demás. Ahora debemos revisar si en nuestro corazón encontramos la verdadera alegría y sencillez...".

Cambios

Un día, uno de los sagrados caballeros de Dios iba caminando con un maestro por un parque y este le comentó: “Siento muchas veces en mi corazón cambios que no entiendo bien. En un momento estoy triste y al rato estoy tranquilo o alegre, y viceversa, ¿por qué pasa eso?”. El maestro le dijo: “Porque todos los días, a toda hora, se libran batallas en tu corazón. Una lucha entre ti mismo. Pero fíjate que al final de cada una vas a sentir una gran paz y alegría si has hecho lo correcto”. El caballero preguntó: “Y ¿cómo sé si es lo correcto en ese momento?”. El maestro le respondió: “Dios está siempre en tu corazón, solo debes escuchar y confiar en Él; además, en los momentos más difíciles el Señor siempre te está dando fuerzas, ánimos y consuelo, y aunque a veces no lo sientas, así es. En cada batalla ganas si has querido agradar a Dios...”.

La prudencia

Estando reunidos varios sagrados caballeros de Dios le dijeron a un maestro: “Háblanos sobre la prudencia”. El maestro dijo: “La prudencia es una de las virtudes más importantes que debemos aprender, pero debemos tener cuidado en pensar que tenemos la verdadera prudencia cuando en realidad tenemos miedo o sentimos la presión de otras personas. La verdadera prudencia viene de Dios y es la que nos ayuda siempre a hacer el bien y evitar el mal. La prudencia va ligada a la sencillez que nos ayuda a tomar decisiones buenas para el alma. Debemos usar la verdadera prudencia si queremos cumplir la voluntad de Dios...”.

La comprensión

Un día, uno de los sagrados caballeros de Dios le dijo a un maestro: "Háblanos sobre la comprensión". El maestro afirmó: "La comprensión es muy importante en la vida del ser humano ya que le ayuda a obtener libertad y alegría. Para comprender a los demás debemos primero comprendernos a nosotros mismos a través de la sabiduría y la aceptación de lo que realmente somos. Entenderemos por qué las personas no actúan como uno quisiera que actuaran, las decisiones que toman diferentes a las nuestras y las diferentes situaciones que no son de nuestro agrado. Debemos aprovechar la oportunidad de enseñar a otras personas a comprenderse a ellas mismas y a los demás, con valor y amor…".

La aceptación

En cierta ocasión, uno de los sagrados caballeros de Dios le dijo a un maestro: “Háblanos de la aceptación”. El maestro dijo: “Existen momentos en nuestras vidas en los que nos encontramos desconcertados debido a las diferentes situaciones que nos hacen sentir inconformes, y nos preguntamos el porqué de tantas dificultades y obstáculos para alcanzar nuestros sueños. Esto provoca cansancio y decepción en las personas. Ahí es cuando muchos dicen: “debes resignarte a tu situación”, pero no se debe resignar sino aceptar su presente, su situación, ya que la aceptación nos ayudará a comprender el porqué de muchas cosas y lo que genera cambios en nosotros”. El caballero le preguntó: “¿Cuál es la diferencia entre resignación y aceptación?”. El maestro le respondió: “La resignación es conformarse con una situación y resistirse a ella, y la aceptación es hacer esa situación parte de tu vida, amándola, sin rechazarla, lo que no significa que no puedas cambiarla o transformarla; pero para que esto suceda debes primero aceptarla…”.

Confianza en Jesús

Era un domingo por la tarde cuando uno de los sagrados caballeros de Dios se encontró con un amigo quien le dijo: "Estoy muy preocupado porque tengo muchas deudas y mi situación económica cada vez es más grave; ya no sé qué hacer". El caballero le comentó: "Debes darte cuenta de que si te preocupas no podrás encontrar la solución debido a que tu mente se está ocupando de las preocupaciones y no de las soluciones. Confía en Jesús, Él es la luz del mundo y te iluminará el camino adecuado para que encuentres la solución a tu situación…".

La fuerza del amor

Estando reunidos varios sagrados caballeros de Dios, uno de los maestros narró la siguiente historia: "En un reino muy lejano existía un caballero que daba su vida por el rey. En cada una de las batallas que luchaba siempre lo herían; sin embargo, se esforzaba por darse a sí mismo porque amaba a su rey más que a su vida misma. Debido a sus frecuentes heridas, los compañeros afirmaban que era el más débil de todos y que no conseguiría salir vivo en la próxima batalla. El rey, conociendo la situación, llamó al caballero y le dijo: "Se aproxima la batalla, he sabido que no tienes una buena reputación ante tus compañeros debido a que no cuentas con la fortaleza física para ir a las batallas; pero tienes la mayor fortaleza interna que es el amor. Por eso quiero que vayas en la primera fila". El caballero respondió: "Su majestad, no creo que vaya a poder regresar si voy en la primera fila". El rey le contestó: "Nada ni nadie puede vencer al amor que tú me tienes". Cuando comenzaba la batalla los compañeros pensaban que iba a morir rápidamente. Al terminar la batalla el caballero se presentó ante el rey y le dijo: "Su majestad, gracias al voto de confianza que me ha concedido he podido demostrar mi amor por su majestad con todas mis fuerzas en el campo de batalla, por eso le traemos la victoria". El rey respondió: "La fuerza del amor no tiene límites…".

La bendición

Un día, uno de los maestros enseñaba: "Debemos bendecir todas las cosas de la vida ya que todas han sido puestas por Dios de forma perfecta para nuestro bienestar, son milagros que Él nos envía. Por lo tanto, no debemos maldecirlas porque al maldecirlas las estamos juzgando y como sagrados caballeros de Dios no debemos juzgar". El sagrado caballero de Dios preguntó: "¿Qué es bendecirlas?". El maestro respondió: "Es darles tu amor, tus buenas intenciones, tu alegría y tu aceptación". El caballero replicó: "Entonces ¿debemos bendecir las cosas malas como la violencia, las guerras y las crueldades?". El maestro contestó: "Claro que sí, necesitan de tu bendición para ser transformadas…".

La perseverancia

En cierta ocasión, uno de los sagrados caballeros de Dios le dijo a un maestro: "Háblanos sobre la perseverancia". El maestro dijo: "La perseverancia es una virtud muy importante que nos ayuda a conseguir nuestros sueños y metas. Hay que partir tomando la decisión de querer alcanzar ese sueño o meta. Debes ponerle toda tu dedicación, esfuerzo y entusiasmo y no dejar que los obstáculos y las dificultades, como la pereza y la falta de resultados buenos, se interpongan en tu camino. La perseverancia no trabaja sola, tiene aliadas como la paciencia, la esperanza y la fe, que le dan soporte en todo momento. Hay que mantenerse firme y constante en lo que se emprende si queremos alcanzar nuestros sueños y metas. Jesús, que es la fuente de perseverancia, nos ayudará a ser constantes si confiamos en Él…".

La verdad nos hace libres

En una tarde soleada, uno de los sagrados caballeros de Dios se encontró con un amigo y este le dijo: "Tengo un problema". El caballero le preguntó: "¿Qué pasa?". El amigo respondió: "Me he comido unos chocolates a escondidas y son de mi papá, y no quiero decirle que fui yo porque me da miedo que me castigue, ¿qué debo hacer?". El caballero le contestó: "Di la verdad porque la verdad te hará libre, no tengas miedo porque Jesús es la verdad y en Él mueren todos los miedos". El amigo fue y le contó a su papá que se había comido sus chocolates y el papá le dijo: "No te preocupes, te perdono". El amigo al contarle esto al caballero, este le comentó: "Cuando dices la verdad, Jesús está en ti y tú en Él...".

La fortaleza

Estando reunidos en torno a una fogata, uno de los sagrados caballeros de Dios le dijo a un maestro: "Háblanos sobre la fortaleza". El maestro respondió: "Muchas veces en nuestras vidas nos sentimos cansados, agobiados y agotados por diferentes circunstancias que se nos presentan en la vida. Muchas veces no tenemos las fuerzas para levantarnos cuando estamos abatidos, pero es necesario porque la vida continúa. Ahí entra la fortaleza, que es aquella fuerza que renueva nuestros corazones y que nos aumenta la esperanza de seguir luchando para alcanzar nuestros sueños. Jesús es quien nos da las fuerzas diariamente para continuar nuestra lucha si nos sentimos cansados. Él nos aliviará porque Él dijo: "Venid a mí todos los que estáis cansados y agobiados, y yo os aliviaré". (Mt 11, 28).

El odio y el perdón

Era una mañana lluviosa cuando uno de los sagrados caballeros de Dios se encontró con un amigo quien le contó que siente odio y rencor hacia una persona que le hizo mucho daño y no quiere perdonarlo. El caballero le dijo: "Ten presente que en una situación como esta debes esforzarte por perdonar a aquella persona que te causó daño. Si sigues alimentando el odio y rencor hacia ella, no tendrás paz en tu corazón. Además, ¿cómo pretendes que Dios te perdone tus ofensas hacia Él, que son mayores, si tú no perdonas a los que te han ofendido? Recuerda que en la oración del Padre Nuestro pedimos a Dios: "perdona nuestras ofensas como también nosotros perdonamos a los que nos ofenden". Pídele ayuda a Dios y Él te ayudará a perdonarlo. El amigo se fue a su casa recapacitando y le pidió ayuda a Dios para perdonar a aquella persona que lo había ofendido mucho. Al cabo de varios días el sagrado caballero de Dios se encontró nuevamente con su amigo y le preguntó cómo se sentía. El amigo le respondió: "Me siento con una gran paz en mi corazón porque con lo que me dijiste, recapacité y le pedí ayuda a Dios para perdonar a aquella persona. Luego me encontré con esa persona y le dije de corazón "te perdono" y en aquel momento sentí una gran paz que llenaba mi corazón". El caballero le respondió: "Lo hiciste muy bien: el perdón siempre libera y te da la paz, el odio y el rencor esclavizan y te quitan la paz".

La soberbia y la humildad

Durante una caminata que realizaban varios sagrados caballeros de Dios, uno de ellos le dijo a un maestro que caminaba con ellos: “Háblanos sobre la soberbia”. El maestro respondió: “Este es el principal pecado que se puede cometer y raíz de los demás. La soberbia hace que pensemos y creamos que somos superiores a los demás. Ya sea por una condición de poder, dinero o situación económica o social, entre otras. Esto trae como consecuencia que despreciemos a nuestros hermanos, los tratemos de mala forma; en otras palabras, los humillamos. Para vencer a la soberbia se necesita de la humildad, que nos permite reconocernos como lo que somos: hijos de Dios, con fortalezas y debilidades pero sin vanagloriarse de ello. Jesús es el mejor ejemplo de humildad ya que siendo Dios se hizo hombre y actuó como servidor de todos. Por eso hay que pedirle a Jesús que nos conceda un corazón humilde como el de Él”.

El infierno

En cierta ocasión, uno de los sagrados caballeros de Dios le dijo a un maestro: "Háblanos sobre el infierno". El maestro respondió: "Lo primero que hay que decir sobre el infierno es que EXISTE. Lo segundo es que debemos cuidarnos y luchar para no caer en él porque se estará ahí eternamente. Todo el que se encuentre en pecado mortal, rechazando voluntariamente a Dios, caerá en el infierno donde será el llanto y la desesperación eterna. Allá se sufrirá por la pérdida de Dios, se tendrá un perpetuo remordimiento de conciencia. La condición del que cae allá nunca cambiará: soportará el fuego que penetra el alma sin consumirla, estará en oscuridad, sufrirá la constante compañía de Satanás y de los ángeles caídos, permanecerá con un odio a Dios y a los demás; será atormentado eternamente. Por eso, deben temer mucho ir al infierno". El caballero preguntó: "¿Cómo debemos cuidarnos y luchar para no caer en el infierno?". El maestro respondió: "Frecuentando el sacramento de la confesión, al que debemos ir arrepentidos de corazón y pedirle perdón a Dios por todos los pecados cometidos; con ayuda de la gracia, amar a Dios y haciéndose prójimo de nuestros hermanos, con la oración diaria, especialmente el Santo Rosario; confiando en Jesús, siguiéndolo a Él, cumpliendo su voluntad y siendo humildes. Recuerden que no es fácil". Jesús dijo: "No todo el que me diga: Señor, Señor, entrará en el Reino de los Cielos, sino el que haga la voluntad de mi Padre celestial" (Mt 7, 21). Pero no es para que se desanimen, sino para que nos acerquemos al Señor con un corazón arrepentido, lleno de fe, buscando hacer su voluntad. Él jamás nos rechazará".

El servicio

En un restaurante estaba uno de los sagrados caballeros de Dios con un amigo y este le dijo: “Me nombraron presidente de la empresa en la que trabajo, ahora sí tengo poder para ser el más importante, hacer y tener lo que quiera, y que me sirvan en todo”. El caballero le respondió: “Te felicito por tu nuevo cargo, pero ten cuidado cómo vas a obrar en él. Recuerda que el verdadero poder es el servicio, aplícalo con tus empleados. No te dejes llevar por la codicia y el deseo de querer ser el más importante y de hacer y tener todo lo que quieras; revisa si todo eso lo necesitas. Mejor piensa a quién puedes ayudar en sus necesidades. Conviértete en el servidor de todos…”.

La misericordia

Era una mañana soleada cuando uno de los sagrados caballeros de Dios iba con un amigo por la ciudad. Pasaron por un barrio donde vive gente pobre y llegaron a una casa pequeña en precarias condiciones. El amigo le comentó al caballero: "Si Dios fuera misericordioso no permitiría que esta gente sufriera tanta pobreza". El caballero no le respondió al amigo, sino que golpeó en la puerta de la casa. Le abrió una señora muy pobre que vivía con sus dos hijos pequeños. En la casa se observaban muy pocas cosas: una mesa, un par de sillas y dos pequeñas camas. El caballero le consultó a la señora si podía entrar con su amigo, a lo que la señora accedió muy amablemente. Al entrar, observaron que uno de los hijos estaba enfermo en cama. El caballero le preguntó a la señora qué le ocurría al pequeño, a lo que la señora le respondió que tenía fiebre. El caballero fue hacia el pequeño y se quedó un rato con él. Luego sacó de su morral una medicina para la fiebre y se la entregó a la señora para que se la diera al pequeño. La señora le dio la medicina a su hijito y le agradeció al caballero por el gesto que tuvo. Luego el caballero sacó de su morral un mercado y un paquete con ropa para ella y sus hijos, y se lo entregó. La señora quedó sorprendida de todo lo que el caballero había hecho por ella y sus hijos, y se lo agradeció diciendo: "Muchas gracias por todo, ahora sé que Dios nos ha mostrado su misericordia porque mi hijito estaba enfermo y no tenía cómo comprarle la medicina para la fiebre. No teníamos qué comer ni beber y nos faltaba ropa para los tres; le había pedido ayuda a Dios en mi oración y Él me ha escuchado".

Cuando salieron de la casa, el caballero le comentó al amigo: "Dios ha manifestado su misericordia a través de nosotros, y a su vez, nosotros debemos practicar la misericordia hacia el prójimo". Recuerda lo que dice Jesús en el sermón de la montaña: "Bienaventurados los misericordiosos porque ellos alcanzarán misericordia" (Mt 5, 7).

La oración

Entrando a una iglesia estaba uno de los sagrados caballeros de Dios con un amigo que le preguntó: "¿Por qué es importante la oración?" El caballero le respondió: "Es importante porque es la forma más sencilla y efectiva para hablar y relacionarte con Dios. Es un diálogo en el que tú le hablas y Él responde, y viceversa". El amigo le dijo: "Yo le he hablado pero nunca siento que me responda". El caballero replicó: "Ten presente que Dios siempre escucha nuestra oración y nos da una respuesta; muchas veces esa respuesta no es la que queremos o como nos la imaginamos. Con la oración, Dios va transformando tu corazón y tu alma con su gracia para conocerlo mejor y así amarlo más. La oración debe ser frecuente, con fe, humildad, implorando la misericordia del Señor y buscando que se haga la voluntad de Dios en cada uno".

El aborto

En cierta ocasión, uno de los sagrados caballeros de Dios le dijo a un maestro: "Háblanos del aborto". El maestro respondió: "El aborto es matar al ser humano más indefenso y pequeño, es un pecado gravísimo. Hay que seguir luchando para que este crimen deje de ocurrir. Sin embargo, el mundo seguirá intentando engañarnos diciendo que no es un asesinato, que el bebé que está creciendo no es un ser humano todavía, que la mamá decide sobre su cuerpo y que si no se desea, se puede matar. Por eso no se deben dejar engañar con estas mentiras, recuerden que la vida comienza desde el momento de la concepción como una bendición y don de Dios". El caballero replicó: "¿Y cómo luchamos para que no siga sucediendo?". El maestro respondió: "Debemos unirnos como Iglesia de Dios que somos, pidiendo la ayuda al Espíritu Santo para que podamos hacer acompañamiento tanto a la persona que ha cometido este pecado, como aquellas que lo piensan o tienen planeado cometer, mostrándoles la verdad con mucho amor y misericordia. También con la oración pidiendo a mamita María su intercesión y su protección para todas las mamás que se encuentran embarazadas y que tienen pensado o planeado abortar.

Otra forma de luchar es desenmascarando las mentiras del mundo como profetas que somos. Por el bautismo que hemos recibido, debemos anunciar el Evangelio en el que Jesús acoge con misericordia al pecador arrepentido y debemos denunciar esta práctica del mal. Unidos como Iglesia, en torno a Jesús, lo lograremos".

Printed by Books on Demand GmbH, Norderstedt / Germany